Caillou MD

Le pot

Texte : Joceline Sanschagrin
Illustrations : Pierre Brignaud • Coloration : Marcel Depratto

chouette

Caillou s'amuse avec une toupie.

Sa maman lui dit :

—Caillou, j'ai une surprise pour toi !

Caillou trouve la surprise dans la salle de

bains. C'est un pot.

Caillou prend le pot et en fait un chapeau.

Maman dit :

–Caillou, le pot, c'est pour faire caca.
Tu es grand maintenant. Tu n'as plus besoin
de couche. Tu peux faire pipi et caca dans
le pot quand tu voudras.

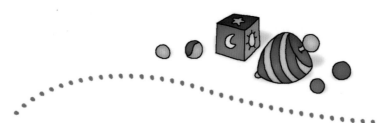

Caillou enlève sa couche. Il veut mettre une petite culotte. Caillou se sent bien. Il peut courir très vite. Caillou veut essayer son pot. Il s'assoit dessus. Caillou se lève. Il n'a plus envie d'être assis sur le pot.

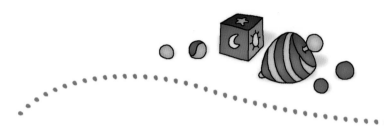

Caillou joue dans sa chambre. Caillou
s'accroupit. Caillou a envie de faire caca.
Papa dit :
—Caillou, tu es en train de faire caca dans
ta culotte. La prochaine fois, tu pourrais
faire caca dans ton pot.

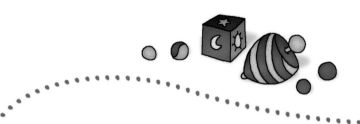

Caillou joue dans le sable. Caillou fait des
gâteaux. Caillou a envie de faire pipi.
Caillou veut aller sur le pot. Oups! il est
trop tard. Caillou se met à pleurer. Caillou
a fait pipi dans sa culotte.
Caillou montre son pantalon à sa maman.
Maman dit :
–Ce n'est pas grave, Caillou. La prochaine
fois, tu arriveras à temps.

Caillou enlève son pantalon et sa petite
culotte mouillés. Caillou met des vêtements
secs. Caillou s'amuse avec son tambour.
Caillou a envie de faire caca.
Maman dit:
—Caillou, viens sur le pot.
Caillou s'assoit. Caillou attend. Caillou
se lève pour regarder dans le pot.
Le pot est vide.

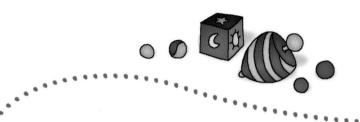

Caillou s'assoit encore sur le pot. Caillou veut faire plaisir à sa maman. Caillou attend. Caillou fait caca. Caillou se lève pour regarder dans le pot. Caillou crie très fort :

—Maman! j'ai une surprise pour toi!

Caillou montre son caca à sa maman.

Maman dit :

—Bravo Caillou ! Bravo ! Je suis très contente.

Caillou danse et tourne autour du pot.

Caillou veut montrer son caca à son papa.

Papa dit :

—Bravo, Caillou ! Bravo !

Papa verse le pot dans les toilettes.

—Mon caca ! crie Caillou.

Caillou ne veut pas tirer la chasse d'eau.

Papa dit :

—Regarde, Caillou, ton caca s'en va dans
les tuyaux. Ensuite, il va dans la terre.

Ça va faire pousser les fleurs.

Caillou tire la chasse d'eau.

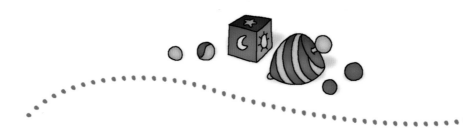

Caillou dessine un chien. Papa demande :

−Caillou, as-tu envie de faire pipi ?

−Non, répond Caillou.

Caillou sait quand il veut aller sur le pot.

Caillou est couché. C'est l'heure du dodo.

Caillou se lève. Maman demande :

—Caillou, qu'est-ce que tu fais debout?

—Je veux faire pipi dans le pot, dit Caillou.

CAILLOU est une marque de commerce appartenant aux Éditions Chouette (1987) inc.
Texte : Joceline Sanschagrin
Illustrations : Pierre Brignaud
Coloration : Marcel Depratto
Direction artistique : Monique Dupras

Les Éditions Chouette remercient le Gouvernement du Canada et la Société de développement des entreprises culturelles du Québec (SODEC) de leur soutien financier.

Canadä   Québec
Crédit d'impôt livres   Gestion SODEC

Catalogage avant publication de Bibliothèque et Archives nationales du Québec et Bibliothèque et Archives Canada

Sanschagrin, Joceline, 1950-
Caillou : le pot
Nouv. éd.
(Pas à pas)
Publ. antérieurement sous le titre : Caillou : le petit pot. 1993.
Pour enfants de 2 ans et plus.
ISBN 2-89450-748-3

1. Éducation à la propreté - Ouvrages pour la jeunesse. I. Brignaud, Pierre.
II. Titre. III. Titre: Pot. IV. Titre: Caillou : le petit pot. V. Collection: Pas à pas (Éditions Chouette).

HQ770.5.S26 2010   j649'.62   C2009-941993-9

Imprimé à Dongguan, Chine
10 9 CHO1968 MAR2016

Pas à pas

Franchir les grandes étapes de l'enfance

Caillou

Le pot

Caillou

Fini les couches !

Caillou

Mon lit de grand

Caillou

Je t'aime !

Caillou

Bonne nuit !

Caillou

Je n'ai pas faim !

Voyez toute la collection
www.editionschouette.com